COLETTE PORTELANCE

Caderno de exercícios para
identificar as feridas do coração

Ilustrações de Jean Augagneur
Tradução de Clarissa Ribeiro

Petrópolis

© Éditions Jouvence S.A., 2013
Chemin du Guillon 20
Case1233 — Bernex
http://www.editions-jouvence.com
info@editions-jouvence.com

Tradução realizada a partir do original em francês intitulado *Petit cahier d'exercices pour identifier les blessures du coeur*

Direitos de publicação em língua portuguesa — Brasil: 2022, Editora Vozes Ltda.
Rua Frei Luís, 100
25689-900 Petrópolis, RJ
www.vozes.com.br
Brasil

Todos os direitos reservados. Nenhuma parte desta obra poderá ser reproduzida ou transmitida por qualquer forma e/ou quaisquer meios (eletrônico ou mecânico, incluindo fotocópia e gravação) ou arquivada em qualquer sistema ou banco de dados sem permissão escrita da editora.

CONSELHO EDITORIAL

Diretor
Gilberto Gonçalves Garcia

Editores
Aline dos Santos Carneiro
Edrian Josué Pasini
Marilac Loraine Oleniki
Welder Lancieri Marchini

Conselheiros
Francisco Morás
Ludovico Garmus
Teobaldo Heidemann
Volney J. Berkenbrock

Secretário executivo
Leonardo A.R.T. dos Santos

Projeto gráfico: Éditions Jouvence
Arte-finalização: Sheilandre Desenv. Gráfico
Revisão gráfica: Nilton Braz da Rocha
Capa/Ilustrações: Jean Augagneur
Arte-finalização: Editora Vozes

ISBN 978-65-5713-580-8 (Brasil)
ISBN 978-2-88953-546-0 (Suíça)

Este livro foi composto e impresso pela Editora Vozes Ltda.

Dados Internacionais de Catalogação na Publicação (CIP)
(Câmara Brasileira do Livro, SP, Brasil)

Portelance, Colette
    Caderno de exercícios para identificar as feridas do coração / Colette Portelance ; ilustração de Jean Augagneur ; tradução de Clarissa Ribeiro. — Petrópolis, RJ : Vozes, 2022. — (Coleção Praticando o Bem-estar)
    Título original: Petit cahier d'exercices pour identifier les blessures du coeur
    ISBN 978-65-5713-580-8
    1. Autoajuda — Técnicas   2.   Sofrimento
I. Augagneur, Jean.   II. Título.   III. Série.

22-101884   CDD-158.1

Índices para catálogo sistemático:
1. Sofrimento : Psicologia aplicada   158.1
Cibele Maria Dias — Bibliotecária — CRB-8/9427

A ferida psíquica

A dor física é geralmente mais aceitável socialmente do que a dor psíquica. A prova disso é que a maioria de nós consulta com mais frequência os médicos e naturopatas do que os psicoterapeutas ou os psicanalistas. Não que nosso sofrimento afetivo seja menos real, mas como o aceitamos com dificuldade, tendemos a recalcá-lo em vez de escutá-lo. A consequência é que nosso próprio mundo interior nos é desconhecido. Sendo assim, ele influencia nossas ações, escolhas, decisões e reações sem que saibamos. Nosso coração sofre em silêncio e suas feridas crescem a cada dia porque elas não são ouvidas nem identificadas.

Como identificar nossas feridas do coração nesse magma de transtornos interiores completamente irracionais? Uma vez que elas formam um todo complexo no interior de nosso psiquismo, a consciência racional precisa identificá-las para encontrar meios de aliviá-las.

Para ajudar você a identificar suas feridas, vejamos o que as causa e quais são as características de cada uma delas.

AS CAUSAS DAS FERIDAS AFETIVAS

Se você se lançou na leitura deste caderno de exercícios dedicado às feridas afetivas, é possível que seu coração esteja machucado. Nesse caso, você sabe o que, no passado, machucou seu coração?

Marque com um X as opções que correspondem à possível causa de suas feridas afetivas.

- [ ] a humilhação
- [ ] o abandono, a rejeição ou a exclusão
- [ ] a traição
- [ ] a dominação, o controle, a invasão, a manipulação, a intimidação
- [ ] a culpabilização
- [ ] a desvalorização, a não valorização ou a indiferença
- [ ] a comparação (inferiorização, "superiorização")

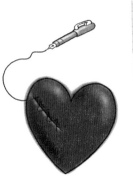

Para continuar a leitura deste caderno, eu encorajo você a se munir de um diário a fim de aprofundar, por meio da escrita, todos os exercícios que se seguem.

DEFINIÇÃO

Antes de definir a palavra "ferida" e de se aprofundar em cada uma delas e em seus motivos, enumerados acima, escreva espontaneamente o que é para você uma ferida do coração.

_____
_____

A ferida é uma afecção grave, sofrida no passado, que levou à modificação da estrutura de uma parte do psiquismo. Isso ocorreu após um traumatismo afetivo causado por um choque emocional impactante ou por pequenos choques emocionais repetidos por um longo período, deixando em você marcas profundas.

Releia essa definição; sublinhe as palavras ou os grupos de palavras que parecem mais contundentes e escreva-os abaixo:

_____
_____
_____
_____
_____
_____
_____
_____
_____
_____

Na realidade, os choques emocionais que causaram suas feridas foram provocados, em sua vida passada, por um ou vários acontecimentos significativos. Esses acontecimentos fizeram você padecer de uma abundância de emoções tristes, tão fortes que superaram o limite de tolerância de seu psiquismo. O sofrimento era insuportável. Você poderia ter caído no abismo da morte (suicídio) ou da loucura (psicose), o que não fez. Porque sua pulsão de vida era mais forte do que sua pulsão de morte você escolheu, inconscientemente e naturalmente, se defender para sobreviver à sua dor. Mas isso não evitou que seu psiquismo fosse profundamente afetado pelas feridas sofridas e que ele ainda carregue essa marca.

Para visualizar esse fenômeno, crie uma forma que represente seu psiquismo. Imagine essa forma antes da ferida e depois da ferida. Expresse-a fazendo dois desenhos.

ANTES   **DEPOIS**

Você pode constatar, pelo que precede, que a ferida do coração é muito mais que um mal-estar ou uma emoção desagradável. Ela é o resultado de um trauma vivido na infância, na adolescência, até mesmo na vida adulta, que machucou seu coração. A marca deixada em você influencia bastante, até hoje, seus comportamentos e sua vida afetiva.

Tente se lembrar de alguns acontecimentos de sua vida de criança, de adolescente ou de adulto que feriram você profundamente.

Para você, qual desses acontecimentos dolorosos mais influencia sua vida afetiva atualmente?

Como sua vida é influenciada?

MECANISMOS DE SOBREVIVÊNCIA

A fim de compreender o fenômeno natural do comportamento defensivo que você adotou para sobreviver ao sofrimento dos traumas que viveu, se reveja criança, adolescente ou jovem adulto, em situações em que seu psiquismo foi profundamente afetado por emoções intoleráveis causadas pelo abandono, a rejeição, a humilhação, a comparação, a traição, a culpabilização, a indiferença ou a incompreensão. Para que seu sofrimento se tornasse tolerável, você reagiu instintivamente com um mecanismo de defesa voltado contra si mesmo ou contra o gatilho de sua dor. Dito de outro modo, você implodiu pelo recalcamento, a autopunição, a resignação, a submissão, a lamentação, ou você explodiu e expressou sua raiva, seu ódio e desespero, pelo grito, a insubmissão, a provocação, a confrontação, a revolta, a violência verbal ou mesmo a violência física.

Represente seu psiquismo ferido com um desenho do que você pensa ter sido seu meio de sobrevivência no passado.

→ Você implodiu, isto é, guardou fechada sob pressão, no interior de você mesmo, a intensidade de suas cargas emocionais? Ou você explodiu, entornando para fora a potente energia contida em suas emoções?

→ Hoje, quando você está profundamente machucado, você reage pela implosão ou pela explosão?

→ Quais mecanismos de implosão ou de explosão você utiliza?

Saiba que não há reações boas ou ruins ao sofrimento. Não importa quais sejam seus mecanismos de defesa, acolha-os sem julgá-los porque eles garantiram sua sobrevivência psíquica até hoje. Não se esqueça de que a pessoa que mais sofre agora com suas reações defensivas é você mesmo, seja quando se volta contra você ou quando se volta contra os outros.

Essa realidade pode motivar você a identificá-las, a aceitá-las e a cuidar das emoções, necessidades e feridas que suas reações sustentam.

Uma das reações defensivas mais frequentes quando nós estamos feridos é uma doença que quase todos pegam em algum momento da vida: a vitimite.

A VITIMITE

A vítima é uma pessoa que responsabiliza os outros pelo próprio mal-estar, pelos fracassos, pelas necessidades não satisfeitas e frustrações. Reagir com a vitimite é normal. No entanto, é fundamental que você tome consciência desse mecanismo defensivo para não se entregar por tempo demais à lamentação com relação a seus pais e outros educadores, senão você continuará sendo um escravo impotente do passado.

➡ Escreva 5 palavras de conotação negativa que você associe à palavra vítima.
_____
_____
_____
_____

➡ Substitua cada uma dessas palavras por uma palavra contrária que tenha um significado positivo para você.
_____
_____
_____
_____

Desenhe dois rostos: o de uma vítima e o de uma pessoa resiliente.

VÍTIMA   **RESILIENTE**

Diga como cada um desses rostos se parece com você.

- A vítima:
  _____
  _____
  _____

- O resiliente:
  _____
  _____
  _____

Nós todos passamos de um rosto ao outro quando nossas feridas são despertadas por quem amamos, pois elas fizeram de nós seres particularmente vulneráveis.

A VULNERABILIDADE DO CORAÇÃO FERIDO

Não se esqueça de que, quando seu coração está ferido, ele fica muito frágil. Um simples toque acorda sua ferida e faz reviver o sofrimento do passado, pois você recalcou suas emoções no momento em que a ferida foi aberta.

Assim, suas zonas machucadas são como feridas não saradas. Elas são reabertas a cada vez que um gatilho, no presente, lembra à sua memória inconsciente a dor aguda causada no passado por gatilhos semelhantes.

COMO SABER SE VOCÊ ESTÁ AFETADO POR UMA FERIDA AFETIVA?

Tomemos o exemplo de um casal. Chamemos o marido de Estéfano e sua cônjuge de Maria. Suponhamos que Estéfano seja marcado por uma ferida causada pelo abandono e que esse não seja o caso de Maria. Um mesmo acontecimento como, por exemplo, o esquecimento de um aniversário, terá um efeito diferente para cada um deles. É provável que Estéfano viva a situação de modo dramático e sofra profundamente. Já para Maria não será assim. Pode ser que ela experimente alguma decepção e um pouco de dor, sem que venha a se sentir abandonada ou traumatizada.

Isso significa que Estéfano tem reações anormais e que Maria reage normalmente? De modo algum. Essas duas pessoas reagem em função das possíveis experiências de abandono vividas no passado. Estéfano é profundamente marcado por essa ferida, já Maria não. Ou seja, na vida de um casal, o conhecimento de nossas próprias feridas e das de nosso cônjuge favorece a compreensão das reações, o respeito às diferenças e a comunicação autêntica.

Se você vive com alguém, traga um exemplo de como você e seu cônjuge reagiram de modos diferentes diante do mesmo acontecimento gatilho. Se você não vive com alguém, escolha uma pessoa que seja próxima de você afetivamente.

- O acontecimento gatilho:

- A reação de seu cônjuge:

- Sua reação:

O mesmo fenômeno acontece com todas as feridas psíquicas. Para saber se você está perturbado por uma delas, pense em uma situação envolvendo outras pessoas, no presente ou no passado, que preocupa você neste momento, causando sofrimento.

Se você está afetado por uma ferida do coração, você vai notar um ou outro dos sintomas abaixo (marque com um X aqueles que caracterizam você):

- ☐ seu sofrimento é profundo, até mesmo insuportável
- ☐ ele toma uma grande parcela da sua energia
- ☐ ele tira sua capacidade de amar quem o provoca
- ☐ ele ocupa seus pensamentos até a obsessão
- ☐ ele persiste, apesar de sua vontade de se livrar dele
- ☐ ele priva você de discernimento
- ☐ ele arrasta você para um estado de abatimento, de melancolia, até de depressão
- ☐ ele torna você confuso, pessimista e impotente
- ☐ ele faz você reagir de uma maneira que julga desmedida
- ☐ ele é tão intenso que você não o sente mais

Se você reconhece que manifesta alguns ou todos os sintomas, você sofre de uma ou várias feridas do coração. Não fique abatido se, ao ler as características de cada uma das feridas, descobrir que está afetado pela maioria delas, ou mesmo por todas. Em virtude da lei homeostática, saiba que, quanto mais feridas você tem, mais tem recursos para lidar serena e calmamente com elas.

IDENTIFICAÇÃO DE SUAS FERIDAS

Para identificar as feridas psíquicas que desconcertam e desestabilizam você, eu vou enumerar as características de cada uma delas e as causas que as criaram. Marque com um X as que se aplicam a você. Acima de tudo, seja muito honesto consigo mesmo se deseja realmente se libertar do sofrimento causado pelos traumas passados.

A ferida causada pelo abandono, a rejeição ou a exclusão

1. CARACTERÍSTICAS

A pessoa afetada...

- se acha indigna de ser amada
- pensa que lhe falta algo importante para merecer o amor
- duvida do amor dos outros
- não se ama
- é habitada por um sentimento quase permanente de insegurança afetiva
- só existe pelo amor que os outros lhe testemunham
- é feliz se se sente amada
- fica profundamente perturbada se não se sente amada ou se tem medo de perder o amor
- não acolhe facilmente o amor que lhe testemunham, acreditando não merecê-lo, o que a faz sentir-se sempre insatisfeita

19

- não tem confiança em seu valor
- às vezes se deixa invadir, manipular, até abusar para não perder o amor
- não ousa colocar limites ou coloca limites sufocantes
- não percebe suas necessidades, sendo levada pelo medo de perder, de ser rejeitada ou excluída
- se fecha e fica emburrada para punir seu parceiro amoroso
- insulta, questiona, toma posse para se sentir segura
- deforma a realidade pelo imaginário
- é excessivamente generosa com o objetivo inconsciente de tornar o ser amado dependente e endividado
- foge, até rejeita e abandona, para não sofrer por ser abandonada
- espera e exige muito de quem ama
- precisa constantemente ser tranquilizada

2. CAUSAS DA FERIDA

Atenção! O conhecimento das causas de suas feridas afetivas não deve servir:

➡ para se vitimizar

➡ para se esconder de seu passado ou

➡ para acreditar que seu problema está resolvido porque você "SABE

O saber por si só, se fica apenas na cabeça e não é integrado, não serve para nada no processo de aliviar-se das feridas afetivas.

Para que serve, então, conhecer as causas das próprias feridas?

a) Para compreender seus funcionamentos insatisfatórios, suas repetições e relações disfuncionais a fim de transformá-los.
b) Para fazer você crescer interiormente por meio de um trabalho sobre si mesmo.
c) Para recuperar o poder sobre sua vida, suscitando mudanças favoráveis tanto no plano pessoal como em suas relações com os outros.

As causas das feridas de abandono

Marque as opções que correspondem às causas possíveis de sua ferida de abandono, se você está afetado por essa ferida

☐ ausência física ou psíquica prolongada do pai
☐ ausência física ou psíquica prolongada da mãe
☐ doença crônica de um dos pais
☐ morte prematura de um dos pais
☐ separação ou divórcio dos pais, sobretudo em condições não ditas ou em que se é tomado como refém
☐ pais ocupados demais com os conflitos entre eles
☐ pais centrados demais neles mesmos para cuidar de modo saudável de seus filhos
☐ situação de rejeição, por parte dos educadores, vivida pela ovelha negra da família ou da turma
☐ situação de preferido que leva à rejeição pelos irmãos e colegas da escola
☐ outras

Agora que você identificou as causas de sua ferida de abandono, você pode escolher.

a) Você pode usar isso para se vitimizar e alimentar seu sofrimento.
b) Você pode usar isso para se libertar de seu passado, se tornar senhor da própria vida e sentir orgulho de si mesmo.

O que você escolhe? A vitimite ou a resiliência?

3. REFLEXÃO SOBRE A FERIDA DE ABANDONO

1. Lembre-se de uma situação em que foi abandonado, ignorado, rejeitado ou excluído (ou que você interpretou assim), que fez você sofrer muito e da qual não aceita se libertar.
___

2. Com quem isso aconteceu?
___
___

3. Quando?
___

4. Qual foi o gesto, a fala, a ação ou a atitude que provocou seu sentimento de abandono, de rejeição ou de exclusão?
___
___

5. O que você viveu naquele momento?
___

6. O que você vive agora, quando pensa nisso?
___
___

7. Como você reagiu quando aconteceu?
___
___

8. Quais são as necessidades não satisfeitas com relação a quem provocou isso? (Amor? Reconhecimento? Segurança? Aceitação? Respeito?)
___
___
___

9. Como você pode cuidar de suas necessidades sem tentar mudar o que quer que seja na pessoa que despertou sua ferida de abandono, de rejeição ou de exclusão?
___
___

A ferida causada pela comparação

1. CARACTERÍSTICAS

A pessoa afligida por essa lesão psíquica...
- se inferioriza ou
- se "superioriza" ou
- alterna entre os sentimentos de inferioridade e de superioridade
- mede seu valor se comparando com os outros

No estado de superioridade:
- quer ser a melhor, a mais importante, a mais amada
- procura, de maneira defensiva, superar os outros em vez de buscar superar a si-mesmo em um ou outro dos seguintes campos:

- os bens materiais
- os diplomas
- a carreira
- o saber
- a aparência
- as capacidades esportivas, intelectuais, sociais, práticas
- as realizações
- etc.

- rivaliza ou compete de maneira aberta ou sutil
- acredita, desde a infância ou adolescência, que seu valor depende da capacidade de superar os outros
- dá prioridade à *performance*
- precisa provar
- introjetou a crença que, para ser amado, deve fazer melhor do que os outros
- não tem confiança nela mesma apesar das aparências
- utiliza a superioridade como mecanismo de defesa para mascarar seu sentimento inconsciente de inferioridade
- argumenta para ter razão
- se gaba, mente ou nega para se dar valor

No estado de inferioridade:
- sempre se compara desfavoravelmente
- duvida de suas qualidades e talentos
- não se afirma por falta de confiança em si mesma
- não é competitiva porque está convencida de que vai perder de qualquer jeito
- se isola, se cala, foge
- fala frequentemente de si em termos negativos
- é habitada pelo ressentimento e pela cobiça
- não explora suficientemente suas forças e talentos

- nunca se sente à altura
- às vezes idealiza certas pessoas, o que alimenta seu sentimento de inferioridade
- sente muita necessidade de reconhecimento

2. CAUSAS DA FERIDA DE COMPARAÇÃO

Eu não creio que exista uma pessoa que não tenha sofrido em sua vida os efeitos nefastos da comparação. Em nossa sociedade, mede-se demais o valor de um ser humano em função de sua aparência e de suas **performances**, deixando-se de valorizar as qualidades afetivas, habilidades sociais e capacidades de interiorização e de integração. Mesmo o prazer do processo e a superação de si mesmo são sabotados em prol do esforço desmedido para superar os outros.

Marque o que corresponde à causa de seu sentimento de inferioridade ou de superioridade:

- [ ] pais que deram muita importância às aparências
- [ ] pais que representam um ideal de perfeição para a criança, um ideal impossível de atingir
- [ ] pais que parecem saber tudo e não reconhecem os próprios erros
- [ ] pais que comparam favorável ou desfavoravelmente seus filhos entre si ou com um primo, colega ou vizinho
- [ ] professor ou treinador esportivo que compara favorável ou desfavoravelmente seus alunos ou seus jogadores entre si
- [ ] pais que esperam de seus filhos que tenham êxito e sejam os melhores, sem se preocuparem ou se preocupando pouco com o que eles vivem ou são realmente
- [ ] outras

Conhecendo as causas de sua ferida, você vai escolher abordá-la pela vitimite ou pela resiliência?

3. REFLEXÃO SOBRE
SUA FERIDA

1. Nomeie as pessoas com relação às quais você se sente superior.

Em que você se sente superior a elas?

Como você manifesta sua superioridade na presença dessas pessoas?

2. Nomeie as pessoas com relação às quais você se sente inferior.

Em que você se sente inferior a elas?

Como você manifesta sua inferioridade na presença dessas pessoas?

3. Diante de uma pessoa que estima superior, você tende a se provar, se gabar e fazer de si o assunto da conversa ou a escutar e se calar?

4. Você acredita que é errado e anormal se sentir superior ou inferior aos outros ou que isso é absolutamente normal, levando em conta suas feridas?

5. Você tem consciência de que é defensivo quando se faz superior ou quando se rebaixa? Se sim, quais são as emoções e necessidades que suscitam seus mecanismos de defesa?

6. Você aceita e expressa sua grande necessidade de ser reconhecido?

A ferida causada por poder e controle

1. CARACTERÍSTICAS

a) o dominador e o dominado...
- se caracterizam por uma insegurança profunda e geral
- camuflam uma falta crônica de amor-próprio
- precisam muito de segurança e de reconhecimento
- são, no fundo, pessoas vulneráveis e de grande sensibilidade

b) o dominador...
- é constantemente habitado pelo medo, consciente ou não, de ser dominado como quando era criança, adolescente ou jovem adulto
- esconde uma grande fragilidade psíquica sob a aparência de ser forte e potente

- domina e controla para não ser dominado como no passado
- impõe suas opiniões, valores e crenças
- pode ser muito invasivo
- assume várias responsabilidades para se manter no controle
- se cerca de pessoas que se deixam conduzir por suas orientações
- só se dá bem com quem lhe obedece
- pode se tornar autoritário ou desdenhoso com quem o afronta ou contradiz
- é condescendente com quem se encontra em posição de fraqueza
- tenta dominar quem se encontra em posição de destaque
- perde a cabeça diante de quem não se deixa controlar por ele
- pode facilmente castrar as emoções ou necessidades dos outros, assim como as suas
- abafa as iniciativas dos outros
- se esforça para se manter no poder
- decide pelos outros sem consultá-los ou, se os consulta, não leva em conta suas opiniões
- ameaça e pune quem não lhe cede o poder
- nega os próprios erros

c) o dominado...
- se deixa controlar e dominar por falta de confiança em si mesmo
- não defende suas opiniões, valores e crenças
- se deixa invadir
- obedece ao dominador para evitar o conflito
- abafa seus impulsos criativos e iniciativas
- não ousa tomar decisões
- reprime suas forças de vida e habilidades para não se parecer com quem o domina
- recalca seus talentos de líder para não ser dominador como as pessoas que estão na origem de sua ferida

2. CAUSAS DA FERIDA DE DOMINAÇÃO

- criança cujos erros e mancadas foram exagerada ou injustamente punidos
- filho de pais autoritários que acentuaram mais as regras a seguir do que a expressão do amor deles
- criança que teve de assumir, sob pena de reprimendas severas, responsabilidades pesadas demais para ela
- criança que obedeceu a exigências injustificadas
- criança de quem os pais retiravam o amor deles quando não respondia a suas demandas ou às restrições impostas
- criança cujos pais faziam exigências que eles próprios não respeitavam
- outras

O mais triste é que, se essa criança se vitimiza quando se torna adulta e deixa de cuidar de sua ferida, ela pode demonstrar, como nós acabamos de ver, as mesmas características que estão na origem de seu sofrimento.

Então, para abordar sua ferida, você vai escolher a vitimite ou a resiliência?

3. REFLEXÕES

a) Você é controlador?

1. Há pessoas que você domina ou controla em sua vida? Se sim, escreva seus nomes.

_____

_____

2. Qual delas você controla mais?

_____

_____

3. Por quais meios você a controla?

- ☐ a manipulação?
- ☐ a invasão?
- ☐ as ameaças?
- ☐ as reprimendas?
- ☐ os conselhos?
- ☐ o autoritarismo?
- ☐ as punições?
- ☐ as ordens?
- ☐ a falta de respeito?

4. Quais são seus medos com relação a essa pessoa?

_____

_____

_____

_____

5. Você nota consequências desagradáveis de seu comportamento controlador em sua relação com essa pessoa?

_____

_____

6. Imagine uma nova maneira de abordar essa pessoa sem dominá-la e coloque isso em prática.

_____
_____

b) Você se deixa controlar?

1. Há pessoas por quem você se deixa controlar ou dominar em seu círculo afetivo ou profissional? Se sim, quais?

_____
_____

2. Qual delas tem o comportamento dominador que mais afeta você?

3. Como ela domina você?

4. Há vantagens em se deixar dominar por essa pessoa (ex.: evitar os conflitos)?

5. Como você pode se libertar do controle dessa pessoa sem por sua vez dominá-la?

A ferida causada pela culpabilização

1. CARACTERÍSTICAS

A pessoa afetada por essa ferida
- foi frequente e injustamente responsabilizada pelo mal-estar de um ou vários de seus educadores quando era criança ou adolescente
- sente um sofrimento incomensurável quando, adulta, é culpabilizada, isto é, responsabilizada por uma razão ou outra
- tem sempre medo de ser culpada, de cometer um erro
- tem medo de atrapalhar ou de machucar porque se crê responsável pelo mal-estar, sofrimento e pelas necessidades dos outros mesmo quando ela não é culpabilizada por eles e mesmo se não é ela que provoca o sofrimento
- se sente terrivelmente infeliz quando não age em conformidade com seus valores como, por exemplo, quando mente para "salvar" alguém

- procura agradar para não provocar incômodos que lhe fariam se sentir culpada
- pode se sacrificar pelos outros ou assumir para si o sofrimento deles para não se sentir culpada
- é excessivamente comprometida com o dever
- se esforça e supera seus limites físicos e psíquicos para não se sentir culpada por não ter feito o bastante
- se priva de prazeres saudáveis
- cria o sistema juiz/culpado em suas relações afetivas
- se defende do sentimento de culpa por meio:
    - da culpabilização
    - do julgamento
    - da autopunição
    - do recalcamento
    - do silêncio
    - da racionalização
- se rebaixa para não se sentir culpada por suscitar inveja ou um sentimento de inferioridade em pessoas de seu entorno
- procura "fazer" o que os outros querem, até mesmo adivinhar seus desejos para não se sentir culpada mais tarde
- pode exercer um certo controle sobre o outro com o objetivo de não despertar a própria ferida de culpa
- precisa muito ser tranquilizada e amada
- precisa se libertar do peso da responsabilidade assumida pelo mal-estar dos outros

2. CAUSAS DA FERIDA DE CULPABILIZAÇÃO

- a cultura religiosa
- os educadores que moralizam
- os educadores que se fazem justiceiros
- os educadores que dão bronca e criticam constantemente
- os educadores que responsabilizam seus filhos pelo próprio mal--estar e pelas próprias necessidades não satisfeitas
- os educadores perfeccionistas que exigem perfeição de seus filhos
- os educadores-vítimas que se lamentam de tudo, têm pena de si mesmos e usam as lágrimas para culpabilizar
- os educadores que suscitam piedade em vez de amor
- outras

Se você escolher a resiliência para lidar com essa ferida, eu proponho a você observar, nos próximos dias, sua maneira de se defender quando está afetado por ela.

3. REFLEXÕES SOBRE ESSA FERIDA

1. Você se sente culpado de maneira excessiva quando provoca aflição nos outros involuntariamente?

☐ SIM   ☐ NÃO

2. Você tende a recalcar suas necessidades:
- para satisfazer as dos outros?

☐ SIM   ☐ NÃO

- para não atrapalhar os outros?

☐ SIM   ☐ NÃO

- para não suscitar conflitos?

☐ SIM   ☐ NÃO

- para não fazer alguém sofrer?

☐ SIM   ☐ NÃO

3. Você se sente responsável pelo sofrimento das pessoas à sua volta? Você tem tendência a fazer de tudo para impedi-las de sofrer?

☐ SIM   ☐ NÃO

4. Você se critica com frequência por suas palavras e ações?

☐ SIM   ☐ NÃO

5. Você responsabiliza os outros quando está frustrado ou contrariado?

☐ SIM   ☐ NÃO

6. Pense em uma situação social que machucou você e veja como reagiu:

☐ você se sentiu responsável e culpado pelo mal-estar do outro e se criticou por isso ou

☐ você responsabilizou o outro por suas próprias emoções desagradáveis e necessidades insatisfeitas

7. Encontre uma terceira via entre a autocondenação e a condenação dos outros para tentar resolver essa dificuldade de relacionamento.

_____

_____

_____

_____

A ferida causada pela humilhação

1. CARACTERÍSTICAS

As feridas de humilhação e de culpabilização são irmãs siamesas. Se você está afetado por uma delas, é bem possível que a outra também o afete. Se a ferida de culpabilização toca no "fazer", aquela causada pela humilhação concerne ao "ser". No primeiro caso, a pessoa afetada se sente culpada pelo que "fez" ou imagina "ter feito" de errado enquanto que, no segundo caso, ela não gosta do que "é".

Assim, o humilhado...

- sofre consideravelmente, pois sente uma vergonha de si mesmo que o assombra constantemente
- está convencido de que é impuro, sujo, podre por dentro, mesmo que tenha êxito na vida profissional
- age às vezes como o oposto do que é de fato para esconder o que acha ser ruim em si mesmo
- se agarra aos próprios êxitos e realizações para compensar a suposta feiura interior
- dissocia o que faz de extraordinário daquilo que é
- aceita com dificuldade qualquer forma de reconhecimento
- sempre tem medo de ser considerado uma pessoa má
- se entrega à depressão, à falta de ânimo, à vontade de morrer, caso experimente um fracasso profissional ou em suas relações, pois o fracasso confirma sua suposta feiura interior
- não acredita que pode ser amado
- pensa que só é amado por quem não o conhece de verdade
- é evidente que não se ama nem um pouco
- se sente profundamente envergonhado por seus desejos e emoções e pensa ser indigno a ponto de não poder ter necessidades
- lhe falta autenticidade por causa do sentimento de vergonha que o impede de ser espontâneo
- está sempre em guerra contra si mesmo
- sente uma necessidade visceral de ser aceito, amado e reconhecido tal como é, mas não a satisfaz pois está escondendo quem é de verdade
- se caracteriza pelo medo incomensurável de ser julgado, ridicularizado, criticado pelo que é, o que confirmaria seu sentimento insuportável de feiura interior
- elabora um personagem contrário ao que crê ser (generoso, disponível, sorridente), não para provar que não é uma pessoa ruim, mas para esconder a "pessoa ruim" que tem a convicção de ser

- alimenta uma percepção falsa sobre si mesmo, fruto de qualificativos negativos que lhe foram repetidamente atribuídos ao longo de sua infância e adolescência
- se defende de sua vergonha pelo perfeccionismo, o isolamento, o trabalho compulsivo, a negação de si, o recalcamento, a mentira, e até mesmo o sarcasmo e a ironia
- é habitado pelo medo de acolher seu mundo interior porque pensa que este é monstruoso
- tem medo do conflito, estando convencido de que será visto como "o malvado" em uma situação conflituosa
- se caracteriza por ser sensível, profundo, generoso, mas muitas vezes não tem consciência dessas qualidades

AS CAUSAS DA FERIDA DE HUMILHAÇÃO

Rebaixar uma criança ou fazê-la passar vergonha diante de sua família, dos amigos dos pais ou de seus próprios amigos, é atingi-la em seu âmago. Quem são essas crianças humilhadas?

- crianças rebaixadas pelo que são, diante dos outros
- crianças definidas repetidamente por qualificativos negativos
- crianças que, sempre diante de outras pessoas, foram alvo de críticas, desvalorizadas, zombadas por seus educadores
- crianças humilhadas por não responderem às expectativas de seus pais ou professores
- crianças que não foram aceitas assim como eram (ex.: uma criança com dons artísticos não aceita por um pai pragmático)
- crianças ridicularizadas por outras crianças por serem diferentes, por chorarem, por não irem bem na escola, por sofrerem de obesidade, por não se vestirem como os outros, por terem um corte de cabelo diferente
- crianças zombadas e desprezadas por suas emoções e necessidades
- outras

Provavelmente, a vergonha é a emoção mais difícil de se carregar, pois a pessoa envergonhada segue sua vida, durante anos, com um buraco no coração. Nós podemos compreender que a pessoa envergonhada se entregue à vitimite com relação a seu passado. No entanto, se continuar a ser condescendente consigo, ela alimentará seu mal-estar. É pela escolha da resiliência que ela pode transformar um passado sombrio em um presente e um futuro luminosos.

O que você escolhe?

3. REFLEXÕES

1. Você tem vergonha de uma parte do que é? Se sim, de qual?
_____
_____

2. Lembre-se de uma situação de sua infância, adolescência ou vida adulta em que foi humilhado a ponto de sofrer imensamente?
_____
_____

3. Quem é a pessoa pela qual você se sente humilhada: seu pai? Sua mãe? Sua irmã? Seu irmão? Um amigo? Um professor? Um de seus avôs ou avós?

4. Escreva uma carta a essa pessoa. Diga a ela tudo o que você recalcou naquele momento, em particular suas emoções. Informe-a do impacto negativo que essa situação teve sobre sua vida. (O objetivo desta carta é enxergar mais claramente em você e se libertar de seus recalques.) Expresse a ela suas necessidades (aceitação, amor, respeito). Continue sua carta expressando os efeitos positivos que essa experiência passada causou em sua vida atual. Para terminar, agradeça sinceramente a essa pessoa e diga-lhe como ela contribuiu para sua evolução.

5. Queime tudo como símbolo de purificação e de transformação interior.

6. Não envie a carta: se você se sente pronto e precisa disso, melhor marcar um encontro com essa pessoa para falar com ela sobre você sem se demorar nos fatos e sem apelar para a acusação, a culpabilização ou o insulto.

A ferida causada pela traição

1. CARACTERÍSTICAS

Há uma ligação entre essa ferida e a ferida de abandono, pois a pessoa traída também se sente abandonada.

Essa pessoa...

- se caracteriza por uma mistura de desconfiança e de ingenuidade
- duvida constantemente de si mesma e de suas percepções
- não confia em seus sentimentos nem em suas intuições
- lhe falta discernimento
- pode se deixar manipular e influenciar para ser amada, apreciada e aceita
- pode se tornar "rejeitadora" e desdenhosa por medo de ser traída
- não respeita seus limites físicos, psíquicos nem territoriais
- lhe falta confiança em si mesma
- se trai por falta de escuta de si

- se concentra mais nas necessidades, reações e nos incômodos dos outros do que nos seus ou, ao contrário, não presta atenção nos outros
- viveu uma ou várias experiências marcantes de traição
- a pessoa traída é habitada por:
  - uma profunda insegurança com relação à vida em geral
  - insegurança em suas relações afetivas
  - muito ressentimento
  - dor e raiva, muitas vezes recalcadas
  - uma tristeza difusa que a habita a vida inteira ou por grande parte da vida, a depender se a acolhe ou não
  - o medo de ser enganada e explorada novamente
  - o medo de se mostrar
  - a dúvida
- ela se defende de suas emoções pela vingança e colocando os outros contra quem provoca seu sofrimento
- precisa muito se cercar de pessoas de confiança

2. CAUSAS DA FERIDA DE TRAIÇÃO

A pessoa traída viveu uma ou várias experiências como:

- punições injustificadas ou desmedidas com relação à ofensa
- promessas não cumpridas
- complôs contra ela, organizados por seus colegas ou irmãos
- engajamentos não respeitados
- confidências utilizadas contra ela
- críticas pelas costas
- uma ou várias histórias de amor em que foi enganada
- mentiras
- segredos e não ditos
- um ou vários abusos sexuais
- os personagens de pais não autênticos
- experiências repetidas de autotraição
- outras

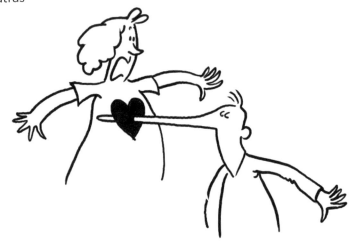

Se há uma ferida que pode justificar a vitimite, certamente é aquela causada pela traição. No entanto, se você foi traído e se apieda com seu próprio destino, você cria para si uma prisão em que o único carcereiro é você. Você alimentará a falta de amor por si mesmo e atrairá assim outras traições para sua vida. Inversamente, se você acolher e cuidar de suas carências de amor, de segurança e de autenticidade e se você souber se cercar de pessoas confiáveis, verdadeiras e amorosas, você sairá das experiências passadas cheio de paz e serenidade.

3. REFLEXÕES

1. Você está tocado por essa ferida?
☐ SIM   ☐ NÃO

2. Você tem medo de ser traído?
☐ SIM   ☐ NÃO

3. Você tem medo de ser criticado pelas costas?
☐ SIM   ☐ NÃO

4. Você tem medo de que suas confidências sejam reveladas?
☐ SIM   ☐ NÃO

5. Você tem medo de que suas confidências sejam usadas contra você?
☐ SIM ☐ NÃO

6. Você é desconfiado?
☐ SIM ☐ NÃO

7. Você é ingênuo por falta de confiança em suas percepções?
☐ SIM ☐ NÃO

8. Pode acontecer de você trair a si mesmo, isto é, negar seu sentimento, seus limites e necessidades?
- para ser amado? ☐ SIM ☐ NÃO
- por medo de sofrer? ☐ SIM ☐ NÃO
- por duvidar do que sente? ☐ SIM ☐ NÃO

9. Pode acontecer de você trair os outros? Você sabia que a cada vez que critica alguém em sua ausência, que procura colocar os outros contra uma pessoa, que não respeita nem as promessas nem os engajamentos assumidos com essa pessoa, sem uma razão válida, você a trai?
☐ SIM ☐ NÃO

A ferida causada pela desvalorização e a não valorização

1. CARACTERÍSTICAS DA PESSOA MACHUCADA

Se a humilhação suscita vergonha, a desvalorização e a não valorização semeiam no ser o sentimento doloroso de não existir, de não ter nenhuma importância aos olhos dos outros, de não ser NADA. As palavras IMPORTÂNCIA e EXISTÊNCIA são cruciais nessa ferida.

É por isso que a pessoa aflita...

- vivencia o sentimento insuportável de não ter nenhum valor
- sente uma necessidade profunda de ser importante e de existir aos olhos dos outros
- faz tudo o que pode para que os outros lhe deem importância:
  - visa à perfeição ou mantém um personagem que se caracteriza pelo perfeccionismo;
  - trabalha sem descanso para ser reconhecida
  - tenta impressionar para ser vista
  - sente a necessidade de provar seu valor para ter o sentimento de existir
  - oferece sua ajuda, sem se colocar limites, para que lhe deem importância
- se identifica com o que poderia lhe conferir valor:
  - seus bens materiais
  - seu estatuto social
  - sua ideologia política
  - sua ideologia religiosa
  - seu saber
  - seus diplomas
  - sua profissão
  - suas realizações
  - seus sucessos
  - suas doenças
- acredita inconscientemente ser aquilo com o que se identificou, o que a torna muito infeliz quando é criticada, rejeitada ou tratada com indiferença
- alimenta o sentimento de dever sempre lutar para conquistar um lugar no mundo
- não é motivada, em suas ações e reações, pelo desejo de ser a melhor, mas pela necessidade de ser importante e existir para os outros
- espera constantemente ser reconhecida, aprovada, notada

- encontra seu valor no fato de os outros valorizarem suas opiniões, realizações, sua aparência, suas posses, sua posição social ou seu saber
- duvida de si mesma
- tende a se desqualificar, se rebaixar, se diminuir ou, ao contrário, a se gabar e a provar que tem valor, sem que isto a faça se comparar com os outros como a pessoa ferida pela comparação
- acredita que, se é vista ou reconhecida, é importante e existe, se não, pensa o inverso
- paradoxalmente, se sente em dívida quando lhe dão atenção
- é atravessada por uma ferida particularmente sofrida, porque ela toca na própria existência: ser ou não ser
- viveu experiências passadas de desvalorização, de não valorização ou de indiferença que afetaram consideravelmente seu Eu profundo
- é facilmente instigada a sofrer pela ausência de valor por pessoas:
    - narcisistas
    - "superiores" ou que se colocam assim
    - metidas
    - que não lhe dão importância
    - egocêntricas

- depende dos outros para ter o sentimento de existir
- precisa de ajuda para se reconstruir
- geralmente não evolui com um ajudante:
  - narcísico (que fala de si)
  - professor (que ensina e explica)
  - salvador (que dá conselhos)
  - analítico (que baseia sua abordagem no racional)
- se defende com um ou outro dos seguintes mecanismos:
  - a argumentação
  - a necessidade de provar
  - o exibicionismo
  - o perfeccionismo
  - o afastamento
  - o silêncio
  - o fechar-se em si
  - a mentira
  - a prestação de serviço aos outros em detrimento de si
  - a crítica
  - a rejeição
  - o falar mal dos outros
  - a falsa indiferença

- é habitado por:
  - tristeza
  - vergonha das suas necessidades incomensuráveis de amor e de reconhecimento
  - ressentimento
  - medo de errar
  - medo de decepcionar
  - mágoas
  - raiva
- tem uma enorme necessidade de atenção e não sabe como satisfazê-la
- sente muita necessidade de ser valorizada, reconhecida e sobretudo ouvida, mas não a expressa diretamente, senão por atos e falas que atraem para si o contrário do que procura

2. CAUSAS DA FERIDA DE DESVALORIZAÇÃO

a) Pais ou professores que manifestam certa indiferença pelo que a criança faz ou diz.

b) Educadores que desvalorizam a criança pelo que ela faz e pelo que é.

c) Educadores que só veem e ressaltam a parte negativa do comportamento ou do temperamento das crianças.

d) Pais que exigem a perfeição, que utilizam seus filhos como um objeto e fazem de seus sucessos um troféu para se valorizarem a si mesmos e para se vangloriarem.

e) Pais desejosos que seus filhos realizem no lugar deles sonhos que nunca puderam concretizar, tendo a boa intenção de dar aos filhos a chance que nunca tiveram.

f) Pais que estão ocupados demais com o trabalho ou preocupados demais com seus problemas para passar um tempo de qualidade com os filhos e escutá-los.

É com suas próprias percepções que você se constrói. Você tem hoje a escolha de alimentar as percepções que desvalorizam seu passado ou de se reconstruir, voltando o olhar para as realidades positivas que podem mudar sua percepção de si e da vida.

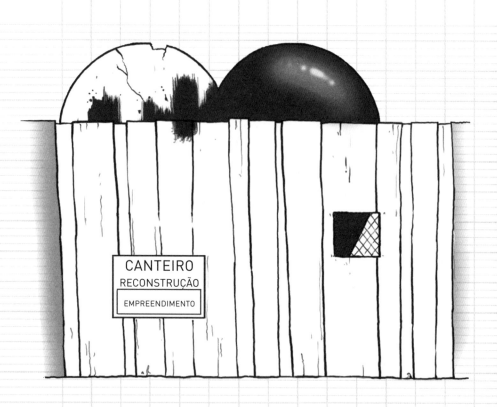

O que você escolhe?

3. REFLEXÕES

1. Você está afetado por essa ferida?

☐ SIM ☐ NÃO

2. Imagine que você participa de um grupo de formação e que três participantes se expressam com frequência e mobilizam a atenção, até mesmo o interesse do monitor. O que você sente? Como você reage?

_____

_____

3. Você tem com frequência a impressão de não ser importante para os outros?

☐ SIM ☐ NÃO

4. Você espera das pessoas à sua volta reconhecimento, e que deem a você o sentimento de existir?

☐ SIM ☐ NÃO

5. Você tem dificuldade em ocupar seu lugar no mundo?

☐ SIM ☐ NÃO

6. Se sim, o que você poderia realizar para lidar com sua necessidade de ser importante aos olhos dos outros e sobretudo a seus próprios olhos?

_____

Conclusão

➡ Com essa ferida que toca na própria existência da pessoa humana, nós terminamos nosso percurso sobre o tema das feridas do coração. Chegando ao fim, para resumir, escreva o nome das feridas que mais fazem você sofrer em suas relações afetivas.

Se você descobrir que todas as lesões psíquicas que eu desenvolvi afligem você, não fique triste nem desanimado. Eu repito: nunca se esqueça, quando estiver sofrendo, de que quanto mais feridas você tem, de mais recursos dispõe para criar para si uma vida feliz.

Agora que você identificou as feridas de seu coração, se quiser conhecer suas capacidades e colocar em prática as etapas do processo de libertação interior, consulte o caderno de exercícios **de Jouvence** intitulado **Caderno de exercícios para aliviar as feridas do coração**.

Coleção Praticando o Bem-estar
Selecione sua próxima leitura

- Caderno de exercícios para aprender a ser feliz
- Caderno de exercícios para saber desapegar-se
- Caderno de exercícios para aumentar a autoestima
- Caderno de exercícios para superar as crises
- Caderno de exercícios para descobrir os seus talentos ocultos
- Caderno de exercícios de meditação no cotidiano
- Caderno de exercícios para ficar zen em um mundo agitado
- Caderno de exercícios de inteligência emocional
- Caderno de exercícios para cuidar de si mesmo
- Caderno de exercícios para cultivar a alegria de viver no cotidiano
- Caderno de exercícios e dicas para fazer amigos e ampliar suas relações
- Caderno de exercícios para desacelerar quando tudo vai rápido demais
- Caderno de exercícios para aprender a amar-se, amar e – por que não? – ser amado(a)
- Caderno de exercícios para ousar realizar seus sonhos
- Caderno de exercícios para saber maravilhar-se
- Caderno de exercícios para ver tudo cor-de-rosa
- Caderno de exercícios para se afirmar e – enfim – ousar dizer não
- Caderno de exercícios para viver sua raiva de forma positiva
- Caderno de exercícios para se desvencilhar de tudo o que é inútil
- Caderno de exercícios de simplicidade feliz
- Caderno de exercícios para viver livre e parar de se culpar
- Caderno de exercícios dos fabulosos poderes da generosidade
- Caderno de exercícios para aceitar seu próprio corpo
- Caderno de exercícios de gratidão
- Caderno de exercícios para evoluir graças às pessoas difíceis
- Caderno de exercícios de atenção plena
- Caderno de exercícios para fazer casais felizes
- Caderno de exercícios para aliviar as feridas do coração
- Caderno de exercícios de comunicação não verbal
- Caderno de exercícios para se organizar melhor e viver sem estresse
- Caderno de exercícios de eficácia pessoal
- Caderno de exercícios para ousar mudar a sua vida
- Caderno de exercícios para praticar a lei da atração
- Caderno de exercícios para gestão de conflitos
- Caderno de exercícios do perdão segundo o Ho'oponopono
- Caderno de exercícios para atrair felicidade e sucesso
- Caderno de exercícios de Psicologia Positiva
- Caderno de exercícios de Comunicação Não Violenta
- Caderno de exercícios para se libertar de seus medos
- Caderno de exercícios de gentileza
- Caderno de exercícios de Comunicação Não Violenta com as crianças
- Caderno de exercícios de espiritualidade simples como uma xícara de chá
- Caderno de exercícios para praticar o ho'oponopono
- Caderno de exercícios para convencer facilmente em qualquer situação
- Caderno de exercícios de arteterapia
- Caderno de exercícios para se libertar das relações tóxicas
- Caderno de exercícios para se proteger do Burnout graças à Comunicação Não Violenta
- Caderno de exercícios de escuta profunda de si
- Caderno de exercícios para desenvolver uma mentalidade de ganhador
- Caderno de exercícios para ser sexy, zen e feliz
- Caderno de exercícios para identificar as feridas do coração
- Caderno de exercícios de hipnose